AF295953

SOLFÈGE

pratique,

à l'usage
des Classes d'ensemble et des Pensionnats,

en deux Parties,

AUGUSTE CARLEZ,

Professeur au Conservatoire de Musique de Caen

Chaque Partie Prix 2f. net

Partie.

A PARIS, chez BIANCHET, Editeur, Rue Croix des Petits Champs, 9.

EXERCICES SUR LES NOIRES.
MESURE A 2 TEMPS.
N.º 1.
N.º 2.
N.º 3.
N.º 4.
N.º 5.
N.º 6.
Imp: Jannot r. N.º Coquenard 15.

BLANCHES ET NOIRES.

N.º 12.
N.º 13.
N.º 14.

4
N.º 15.
FIN.
MESURE A QUATRE TEMPS.
RONDES BLANCHES NOIRES.
N.º 16.
N.º 17.
N.º 18.
N.º 19.
N.º 20.

N.º 21.

EXERCICES SUR LES SILENCES.
PAUSE DEMI-PAUSE et SOUPIR.

N.º 22.

N.º 23.

EXERCICES SUR LE POINT.

N.º 24.

6

N.º 25.

N.º 26.

EXERCICES SUR LES SYNCOPES.

N.º 27.

N.º 28.

N.º 29.
Fin.
N.º 30.
MESURE A 3 TEMPS.
N.º 31.

N.º 32

Fin.

EXERCICES SUR LE DIÈZE ACCIDENTEL

N.º 33.

N.º 34.
FIN.
EXERCICES SUR LE BEMOL ACCIDENTEL.
N.º 35.
N.º 36.

N.º 57.
EXERCICES SUR LES CROCHES
ET LE DEMI-SOUPIR.
N.º 38.
N.º 39.
N.º 40.

N.º 41.

N.º 42.

N.º 43.

N.º 44.
EXERCICES SUR LE DIÈZE PLACÉ À LA CLEF.
N.º 45.
DU BÉCARRE
N.º 46.

EXERCICES SUR LE TRIOLET.

N.º 50.
p
f
N.º 51.
Fin.
Andante.
N.º 52.
p
f
p
f
rall:
p

DU BEMOL PLACÉ A LA CLEF.
MESURE A SIX HUIT.
Nº 53.
P Andante.
cresc.
Nº 54.

16

N.º 55.

Allegro.
Nº 56.
Fin.
rall

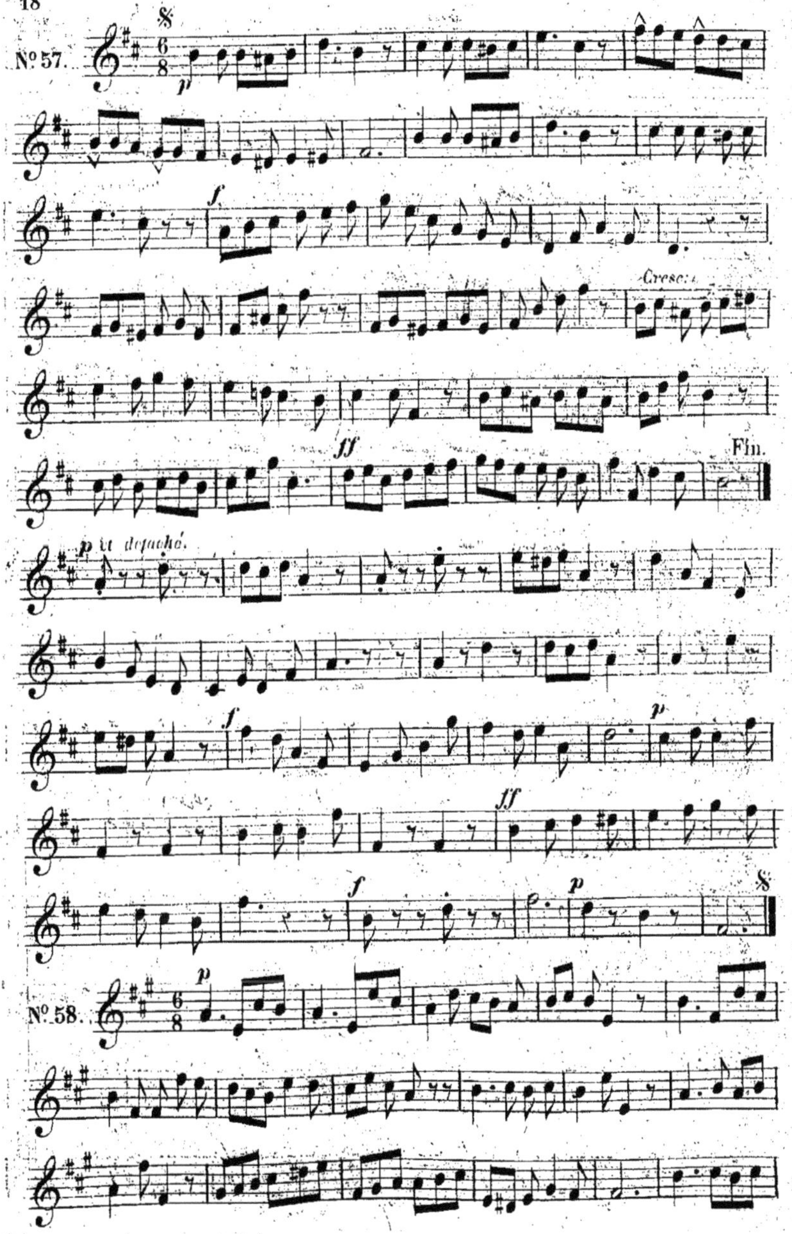

N.° 57.
p
f
Cresc.
ff
Fin.
p et detaché.
f
p
f
ff
f
p
N.° 58.
p

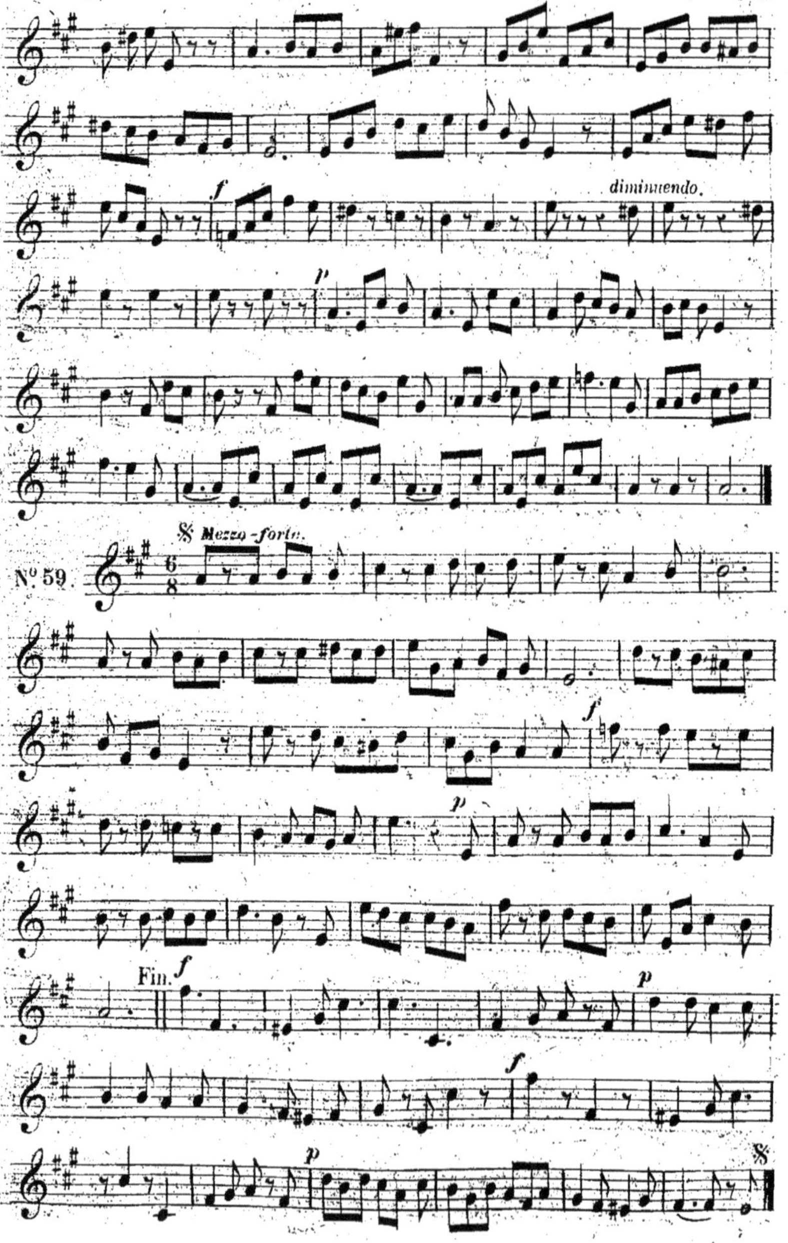

diminuendo.

N.º 59.
Mezzo-forte.

Fin.

N.° 60.
f
p
f
p
f
Fin.
p
2.ᵉ Reprise.
p
3/4
6/8
2/4